Marion Clausen · Katharina Tebbenhoff

Meise, Spatz und Nachtigall

Mit Bildern von Dieter Heidenreich

Eine erste Vogelkunde
für Kinder

Patmos

MARION CLAUSEN

arbeitet freiberuflich als Redakteurin, u. a. für pädagogische Fachbücher, Übungs-
hefte für Grundschulkinder und Kindersachbücher und schreibt selbst Bücher für
Kinder. Sie wohnt mit ihrer Familie in Göttingen.

KATHARINA TEBBENHOFF

hat als Naturpädagogin eine Kräuterwerkstatt gegründet, um Kindern, Jugendlichen
und Erwachsenen zu vermitteln, welche Schätze es in der Natur zu entdecken gibt.
Sie lebt mit ihrer Familie in der Nähe von Frankfurt/M.

DIETER HEIDENREICH,

ist Grafik-Designer und Illustrator, mit Diplomen in Berlin und Leipzig. Er ist freiberuflich in Berlin tätig und gestaltet Plakate, Bücher, Kinderbücher sowie Brief-
marken und arbeitet im Bereich des Grafik-Designs für verschiedene Auftraggeber
und Institutionen.

Von den gleichen Autorinnen ist außerdem erschienen:
Apfelbaum und Weidentraum
mit Bildern von Renate Seelig
Honiggras und Löwenzahn
mit Bildern von Renate Seelig

Marion Clausen/Katharina Tebbenhoff (Text)
Dieter Heidenreich (Bilder)
Meise, Spatz und Nachtigall. Eine erste Vogelkunde für Kinder

Bibliografische Information der Deutschen Bibliothek
Die Deutsche Bibliothek verzeichnet diese Publikation in der Deutschen Nationalbibliografie;
detaillierte bibliografische Daten sind im Internet über http://dnb.ddb.de abrufbar

Quellennachweis:
Die Gedichte in diesem Buch wurden folgenden Quellen entnommen:
Max Kruse, »Beobachtung«, aus: Hans-Joachim Gelberg (Hrsg.), Geh und spiel mit dem Riesen.
Erstes Jahrbuch zur Kinderliteratur, Beltz & Gelberg Verlag, Weinheim und Basel 1971 © Autor;
Eugen Roth, »Der Buchfink« © Dr. Eugen Roth Erben, München (Stefan und Thomas Roth);
Frantz Wittkamp, »Manchmal«, aus: ders., Ich glaube, dass du ein Vogel bist © 1987 Beltz Verlag,
Weinheim und Basel.

© 2004 Patmos Verlag GmbH & Co. KG, Düsseldorf
Alle Rechte vorbehalten
Umschlaggestaltung: Heike Ossenkop pinxit, Basel,
unter Verwendung einer Illustration von Dieter Heidenreich
Typographische Gestaltung des Layouts unter Mitwirkung
von Dieter Heidenreich
Druck und Bindung: Theiss, A-St. Stefan im Lavanttal
ISBN 3-491-42025-3
www.patmos.de

Inhalt

Heimische Vögel kennen lernen

MANCHMAL

Manchmal, wenn ich im Garten liege,
und langsam ziehen die Wolken dahin,
fühle ich deutlich, wie ich fliege.
Ich glaube, dass ich ein Vogel bin.

(Frantz Wittkamp)

Das ist ein Vogel

Schau aus dem Fenster und halte am Himmel, in den Bäumen und
Sträuchern oder auf dem Boden nach einem Vogel Ausschau.
Wetten, dass du nicht länger als ein paar Minuten zu suchen
brauchst, bis du einen findest? Sieh ihm ruhig eine Weile zu.

Vielleicht kennst du ja schon einige Vögel. Womöglich gibt es in
eurem Garten eine Futterstelle für Vögel im Winter und du hast
dort schon Meisen und Spatzen, Amseln oder einen Dompfaff
beobachtet. Oder hast du auf dem Marktplatz in der Stadt ein paar
Tauben gesehen? Bei deinem letzten Urlaub am Meer könnten dir
Möwen und Austernfischer begegnet sein. Und vermutlich weißt
du nicht erst seit Harry Potter, wie eine Eule aussieht.

WAS, MEINST DU, HABEN ALLE DIESE VÖGEL GEMEINSAM?
Sie können fliegen! Aber das können eine Biene, ein Schmetterling
oder eine Fledermaus auch! Schau dir an, wie die Vögel aussehen,
dann fällt dir eine Gemeinsamkeit auf: Alle Vögel haben Federn
und Flügel. Und es gibt noch etwas, was bei allen Vögeln gleich
ist: Alle legen Eier. Auch wenn die Vogelarten sich im Aussehen
unterscheiden, haben alle Vögel bestimmte Körperteile gemeinsam.

Die Vögel, die in unserer Umgebung vorkommen, können fast alle fliegen. Es gibt auch welche, die zusätzlich schwimmen können. Bei ihnen haben sich zwischen den Krallen Schwimmhäute oder Schwimmlappen gebildet, sodass sie sich im Wasser mit den Schwimmbewegungen der Füße fortbewegen können. Solche Wasservögel sind zum Beispiel Enten, Graugänse, Blesshühner oder Schwäne.

Alle Vögel können laufen oder hüpfen. Manche haben sogar besonders lange Beine, damit sie auf ihnen gut durch flaches Wasser, feuchte Sümpfe oder hochgewachsene Wiesen waten können. Zu ihnen gehören der Storch, der in den Wiesen nach seiner Lieblingsspeise, den Fröschen, sucht, und der Graureiher, der es vor allem auf Fische abgesehen hat.

5

So kannst du Vögel beobachten

Vögel sind faszinierende Lebewesen. Sie leben überall: in Wäldern und in Städten, im Eis und im Gebirge, am Wasser und in Wüsten. Sie haben gelernt, sich an die unterschiedlichen Lebensbedingungen anzupassen. Das bedeutet, dass jede Vogelart ihr Aussehen und ihre Verhaltensweisen so entwickelt hat, wie es für ihr Überleben am besten ist. Es ist spannend, sie wie ein Detektiv genauer auszukundschaften. Es macht aber auch Freude, einfach nur ihrem Gesang zu lauschen, ihre Flugbahnen mitzuverfolgen oder ihnen bei der Futtersuche zuzusehen.

WIE FÄNGST DU AN?

Am besten nutzt du einfach die nächste Gelegenheit, wenn du draußen bist und etwas Zeit hast: Bleib zum Beispiel auf einem Spaziergang im Wald oder zwischen Feldern einfach mal stehen und schaue den Vögeln zu. Auch wenn du an der Bushaltestelle warten musst oder während du auf dem Spielplatz oder im Garten bist, kannst du Vögel beobachten.

WORAUF ACHTEST DU?

- Wie sieht der Vogel aus?
- Was tut er gerade?
- Wie fliegt er? Wie bewegt er sich?
- Wohin fliegt er?
- Welche Töne macht er? Wie hört sich sein Gesang an?
- Was frisst der Vogel?
- Was macht er in der Nähe von Menschen?

WIE VERHÄLTST DU DICH DABEI?

Wichtigste Vogelkundler-Regel: Sei leise! Vögel sind scheue Tiere. Wenn sie dich gar nicht bemerken, kannst du sie am besten beobachten. Dabei helfen dir diese Tipps:

- Mache langsame, vorsichtige Bewegungen. Schleiche dich an!
- Verstecke dich hinter Bäumen, Büschen oder Hauswänden oder bleibe ganz ruhig stehen oder sitzen.
- Am besten hast du beim Beobachten die Sonne und den Wind im Rücken.
- Fasse die Vögel oder ihre Eier nicht an.

WAS BRAUCHST DU ALS ECHTER VOGELFORSCHER?

Wenn du erst einmal angefangen hast, auf Vögel zu achten, wird dir nach und nach immer mehr auffallen. Du wirst Vögel wiedererkennen, Unterschiede entdecken und herausfinden, wo du Vögeln am ehesten begegnen kannst.

Hast du jetzt Lust bekommen, auf eine richtige Vogelbeobachtungstour zu gehen? Als Vogelforscher ziehst du am besten dunkle, unauffällige Kleidung an, damit die Vögel dich nicht bemerken. Es ist gut, wenn deine Jacke genügend Taschen hat, um ein paar Utensilien zu verstauen.

Ein tolles Hilfsmittel ist ein gutes Fernglas, das du dir um den Hals hängen kannst. Damit erkennst du die Einzelheiten an den kleinen gefiederten Freunden viel besser. Vielleicht kennst du jemanden, der dir ein Fernglas ausleiht. Aber achte darauf, dass es nicht zu schwer ist.

Wenn du wissen willst, welchen Vogel du beobachtet hast, brauchst du ein Vogelbestimmungsbuch. Darin sind Vögel genau beschrieben und abgebildet. Es reicht zunächst, wenn das Buch die Vögel vorstellt, die in deiner Umgebung üblich sind. Solche Bücher kannst du in der Schul- oder Stadtbücherei ausleihen. Am einfachsten ist es, du nimmst so ein Buch mit auf deine Tour.

Du kannst aber auch später zu Hause nachsehen. Damit du noch weißt, was du gesehen hast, mache dir unterwegs einige Notizen. Dafür brauchst du einen kleinen Notizblock und einen Stift. Notiere, wann und wo du einen Vogel gesehen hast, und schreibe in Stichworten auf, wie er ausgesehen und was er gemacht hat. Du kannst auch eine kleine Skizze von dem Vogel zeichnen.

Auf in die Lüfte – so fliegen die Vögel

Darum haben wir die Vögel schon immer beneidet: Es muss doch fantastisch sein, sich einfach in die Lüfte zu erheben und die Welt von oben zu betrachten. Schon vor Jahrtausenden haben sich die Menschen gefragt, wie die Vögel es schaffen zu fliegen.

Um das Geheimnis des Vogelflugs zu entschlüsseln, haben kluge Leute auf verschiedenen Wegen nach Antworten gesucht. Die einen schauten sich den Körperbau genau an, andere beobachteten die Vögel im Flug und untersuchten besonders die Bewegungen der Flügel. All diese Überlegungen und Forschungen zusammen führten nach und nach auf die richtige Spur.

FLÜGEL

Ohne Flügel könnten die Vögel nicht fliegen. Die Flügel bestehen aus Armknochen und vor allen Dingen aus verschiedenen Federn. Sie liegen übereinander und sind nach hinten gerichtet. So kann die Luft ungehindert darüber hinwegstreichen. Im Verhältnis zum sonstigen Körper sind die Flügel meist sehr groß.

Alle Flügel sind windschnittig geformt, das bedeutet, dass die Oberseite der Flügel leicht gewölbt und die Unterseite flach ist. Wenn die Luft darüber und darunter entlangstreicht, hebt sie den Flügel und damit auch den Vogelkörper nach oben.

Du kannst diesen Effekt leicht ausprobieren. Wickle ein postkartengroßes Stück Papier um einen Stift, wie es die Zeichnung zeigt. Halte den Stift fest und puste über die Papierfläche. Schau, was passiert!

Die Größe und die Form der Flügel bestimmt, auf welche Weise ein Vogel fliegt. Bei den meisten Vögeln sorgen kräftige Muskeln dafür, dass sie mit den Flügeln schlagen und sich so in der Luft bewegen können.

Luftsack   Luftröhre

Luftsack

Oberarm-Knochen

Luftsack

Lunge

Was in der Luft passiert, wenn die Flügel auf- und abschwingen, ist sehr kompliziert. Du kannst es dir vereinfacht so vorstellen:
Beim Abschwung wird die Luft unter dem Flügel nach hinten gedrückt und dadurch wird der Vogelkörper nach vorne geschoben. Wenn der Flügel dann wieder nach oben geführt wird, würde das normalerweise wie eine Bremse wirken. Darum sind die Federn des Flügels beim Aufschwung so verstellt, dass die Luft ungehindert durch den Flügel hindurchtreten kann. Mit dem nächsten Abschwung geht es dann wieder weiter nach vorne.

LEICHTER KÖRPER

Vögel haben einen Körper in Leichtbauweise. Das Vogelskelett wiegt nicht viel, weil die meisten Knochen innen hohl, also luftgefüllt sind. Verstrebungen machen sie trotzdem fest und flugtauglich.

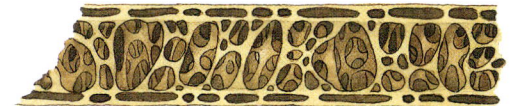

EINE BESONDERE LUNGE

Vögel kommen nie außer Atem. Sie haben eine hoch spezialisierte Lunge, die im Inneren des Vogelkörpers mit Luftsäcken verbunden ist. Dadurch kann viel mehr Luft durch den Vogel strömen. Außerdem staut sich die Luft nicht, sondern ist ständig in Bewegung.

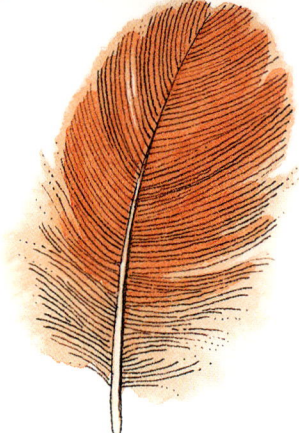

Brustfeder
(Konturfeder)

Federn - Wunderwerke der Natur

Federn sind wahre Wunderwerke der Natur. Sie sind sehr leicht und trotzdem kräftig und so angeordnet, dass sie an den Flügeln eine feste und dichte Federdecke ergeben.

Federn haben viele Aufgaben. Sie sind:

- Thermoanzüge, die gegen Hitze und Kälte und gegen Nässe schützen.
- schönste Kleider, mit denen der Vogel auf sich aufmerksam macht, um eine Partnerin zu finden.
- Tragflächen, mit deren Hilfe der Vogelkörper sicher in der Luft schwebt.
- Steuerwerkzeuge, um die Flughöhe zu ändern und zu bremsen.

Diese Aufgaben erfordern unterschiedliche
Arten von Federn:
Dunen (zum Warmhalten)
Konturfedern (Sie bilden das Federkleid.)
Schwungfedern (Sie bilden die Tragflächen.)
Steuerfedern (Sie helfen Kurs zu halten.)

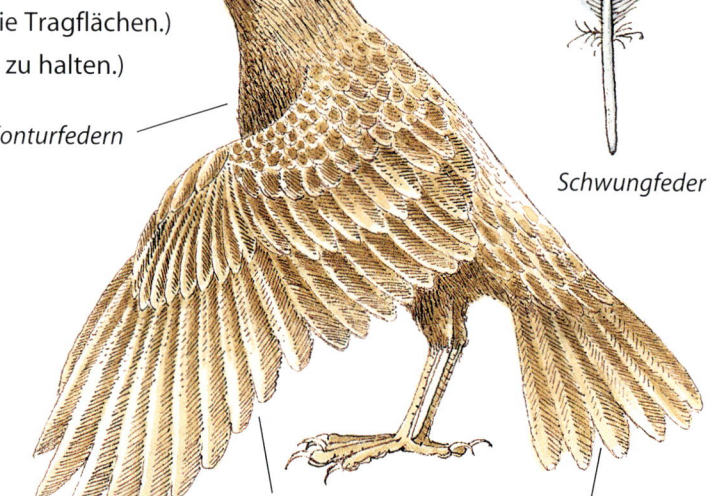

Konturfedern

Schwungfeder

Schwungfedern

Steuerfedern

Weil die Federn so wichtige Aufgaben erfüllen, verbringt ein Vogel viel Zeit damit, sie sauber zu halten und zu ordnen. Doch selbst bei bester Pflege müssen sie regelmäßig ausgewechselt werden. Alte Federn fallen aus und neue wachsen nach. Das nennt man »Mauser«. Dabei werden die Federn so nach und nach ersetzt, sodass der Vogel auch während der Mauser fliegen kann und gegen Kälte geschützt ist.

Schwanzfeder
(Steuerfeder)

Dune

Bestimmt hast du draußen schon eine Feder gefunden, die ein Vogel abgeworfen hat. Wenn die ganz zerzaust ist, genügt es, sie ein paar Mal zwischen den Fingern hindurchzuziehen um sie zu reparieren. Genau das macht auch der Vogel beim Ordnen mit seinem Schnabel. Federn haben eine Art »Klettverschluss«: Von der Mitte aus zweigen kleine Ästchen ab. Diese Ästchen haben auf der einen Seite winzige Häkchen (Hakenstrahl) und auf der anderen Seite ganz kleine Stangen (Bogenstrahl). Wenn man über die Feder streicht, verbinden sich die Häkchen mit den Ministangen.

Federschmuck

Du brauchst:

- jeweils drei bis sieben größere und kleinere Federn
- Siberdraht
- Holz- oder Glasperlen
- Flüssigkleber
- Drahtschere
- eine Großraumkugelschreibermine

Schneide von dem Silberdraht für jede Feder ein etwa 20 cm langes Stück ab. Tauche ein Drahtende in den Kleber und pike den Draht, so weit es geht, in den Federkiel. Wickle den Draht zwei- oder dreimal um die Kulimine, sodass eine Öse entsteht, durch die du später ein längeres Stück Draht fädelst. Den restlichen Draht wickelst du außen um den Federkiel. Du kannst auch zwei oder drei Federn gemeinsam mit Draht umwickeln. Schneide dann ein 50 cm langes Stück Draht ab und biege es zu einem Kreis. Fädle dann abwechselnd die Federn und die Perlen auf das lange Stück Draht und biege die Drahtenden mit der Kulimine zu Ösen um.

Fliegen macht hungrig!

Wenn du zum Mittagessen eine »Spatzenportion« isst, meint man, dass du besonders wenig isst. Das ist aber ein falsches Bild, denn Spatzen brauchen wie alle Vögel sehr viel Futter. Im Verhältnis zu ihrem Gewicht und ihrer Größe essen sie bedeutend mehr als wir Menschen. Sie brauchen so viel Energie für das Fliegen.

An der Form und Größe des Schnabels kannst du ablesen, welches die Lieblingsspeise einer Vogelart ist. Denn der Schnabel ist das wichtigste Werkzeug bei der Nahrungsaufnahme.

Alle Körnerfresser haben einen kräftigen, kegelförmigen Schnabel wie der **Grünfink**. Damit können sie auch harte Samenschalen aufknacken und zerkleinern.

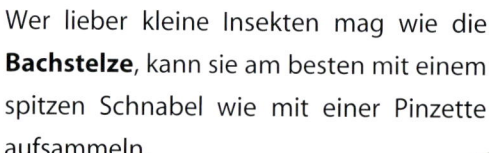

Wer lieber kleine Insekten mag wie die **Bachstelze**, kann sie am besten mit einem spitzen Schnabel wie mit einer Pinzette aufsammeln.

Um Regenwürmer oder andere Kleintiere aus dem Boden zu ziehen, braucht man einen schlanken, aber starken Stocherschnabel, wie ihn die **Amseln** oder **Meisen** haben.

Fleischfresser wie **Greifvögel** oder **Eulen** haben es schwerer, an ihr Futter zu kommen. Sie müssen auf die Jagd gehen und brauchen dazu den passenden scharfen Hakenschnabel zum Zerreißen der Beute.

Viele Vögel, die sich hauptsächlich von Fischen ernähren, zum Beispiel der **Eisvogel**, haben einen langen, spitzen Schnabel, mit dem sie den Fisch gut packen können. Wenn er unter Wasser einen Fisch erspäht hat, stürzt er mit schnellen Flügelschlägenaus der Luft hinab und taucht mit angelegten Flügeln tief ins Wasser. Dort packt er blitzschnell einen Fisch mit dem langen Schnabel und kommt wieder an die Luft. Um den Fisch zu töten, schlägt der Eisvogel dessen Kopf auf eine harte Unterlage. Dann verschlingt er den Fisch in einem Happen.

Vögel haben keine Zähne. Mit ihrem Schnabel können sie das Futter auch nur ein wenig zerkleinern. Darum kommen im Magen recht große Brocken an. Damit die trotzdem gut verdaut und alle lebenswichtigen Inhaltsstoffe aufgenommen werden können, haben Vögel einen ganz besonderen zweiteiligen Magen. Der erste Teil ist der Kaumagen. Hier wird die Nahrung mechanisch zerkleinert. Dazu gibt es so etwas wie ein spezielles Mahlwerk in diesem Magenteil, in dem die Nahrung wie zwischen Mühlsteinen in einer Mühle zerkleinert wird.

Manche Vögel unterstützen dies dadurch, dass sie kleine Steinchen schlucken. Wenn diese mit den Magenmuskeln in Bewegung gebracht werden, sorgen sie ebenfalls dafür, dass die Nahrungsstücke kleiner werden. Der zweite Magen arbeitet so wie bei uns auch: Mit Hilfe von Magensäften wird die Nahrung verdaut.

VOGELTREFFEN AM FUTTERHÄUSCHEN

Unter Natur- und Vogelschützern wird heftig diskutiert, ob es richtig ist, die Vögel in der kalten Jahreszeit zu füttern: Die einen sagen, dass es sinnvoll ist, wenn die kranken und schwachen Tiere den Winter nicht überleben. Die anderen meinen, dass die Vögel gerade in den Städten immer weniger Futter finden und Vögel deshalb auf die Fütterung durch die Menschen angewiesen sind.

Eine Futterstelle draußen im Garten ist für dich auf jeden Fall eine gute Gelegenheit, Vögel in Ruhe beobachten und kennen lernen zu können. Dabei musst du aber unbedingt ein paar Dinge beachten:

- Nur bei Schnee und strengem Frost füttern.
- Das Futter vor Regen schützen.
- Den Futterplatz sauber halten.
- Keine Speisereste ausstreuen.
- Keine verdorbenen Kuchen- oder Brotreste füttern.
- Sicherstellen, dass sich keine Katzen anschleichen.

Aus voller Kehle –
wie und warum singen Vögel?

Oben auf dem Giebel eines Hauses sitzt ein Amselmännchen und schmettert laut und ausdauernd seine Strophen. Immer wieder fällt ihm etwas Neues ein. Sogar mit einem Strohhalm im Schnabel kann er noch zwitschern. Wie schafft er das bloß?

Anders als wir Menschen haben Singvögel keine Stimmbänder, die durch Schwingungen Töne erzeugen. Stattdessen besitzen sie eine Art Soundverstärker ganz tief unten in der Luftröhre. Dieses Organ heißt Syrinx und liegt da, wo sich die Luftröhre des Vogels in zwei Äste aufteilt. Kein anderes Tier verfügt über eine solche »Musikanlage«.
Die Syrinx kann mal von der einen und mal von der anderen Seite mit Luft durchströmt werden. So entstehen die Töne. Wenn von beiden Ästen gleichzeitig Luft hindurchstreicht, kann der Vogel zugleich in zwei Tonarten singen.

Im Frühling, wenn die Vogelmännchen durch ihren Gesang ein Weibchen anlocken wollen, ist die Luft voller Stimmen und Lieder. Jeder gibt sein Bestes und singt, was die kleine Kehle hergibt. Mit ihren Gesängen können sich nur die Mitglieder einer Art untereinander verständigen. Jeder Buchfink versteht den Gesang des anderen Buchfinken, nicht aber den eines Rotkehlchens.

Wenn sich die Vogelpärchen gefunden haben und die Brutzeit beginnt, verständigen sie sich mit leisen Tönen und Gesängen. Laut wird es, wenn ein Singvogelmännchen mit seiner Stimme sein Revier gegen einen Eindringling verteidigt oder wenn ein Feind vom Nest vertrieben werden soll. Manchmal singen Amsel, Drossel, Fink und Star aber auch nur aus reiner Freude oder weil die Sonne scheint.

Wenn ein Singvogeljunges aus dem Ei schlüpft, kann es nur fiepen. Mehr muss es zunächst auch nicht von sich geben. Denn die Vogeleltern reagieren auf diese Bettelrufe und schaffen unentwegt Futter herbei.

Bei vielen Singvogelarten geben die Vogelväter ihren Kleinen später Gesangsunterricht. Die Jungvögel müssen die Lieder einüben und werden erst mit der Zeit zu richtig guten Sängern.

Viele Singvögel können lernen, die Geräusche ihrer Umgebung nachzuahmen. Das kann eine Straßenbahn sein oder das Klingeln eines Handys oder der Gong an der Haustür. Amseln, Drosseln und Stare sind da sehr begabt. Die Vogelkundler nennen solche Vögel »Spötter«.

Hast du schon mal von der »Spottdrossel« gehört? Diese Drosselart singt besonders vielseitig und baut in ihren Gesang nicht nur Geräusche aus ihrer Umgebung, sondern auch Lieder anderer Vogelarten mit ein.

Der melodische Gesang ist nur den Singvögeln gegeben, aber auch alle anderen Vögel verständigen sich mit Lauten. Manche nutzen auch »Instrumente«, um Geräusche zu produzieren, mit denen sie etwas ausdrücken möchten. Die Störche klappern dazu mit ihren langen Schnäbeln und die Spechte trommeln gegen einen Baum.

Alle kommen aus dem Ei

Wenn sich ein Vogeleltern-Paar gefunden hat, wird zuerst ein sicherer Nistplatz ausgekundschaftet, der in seiner Umgebung ausreichend Futter bietet. Dann muss oft mit viel Mühe das Nest gebaut werden. Jetzt kann das Weibchen Eier darin ablegen.

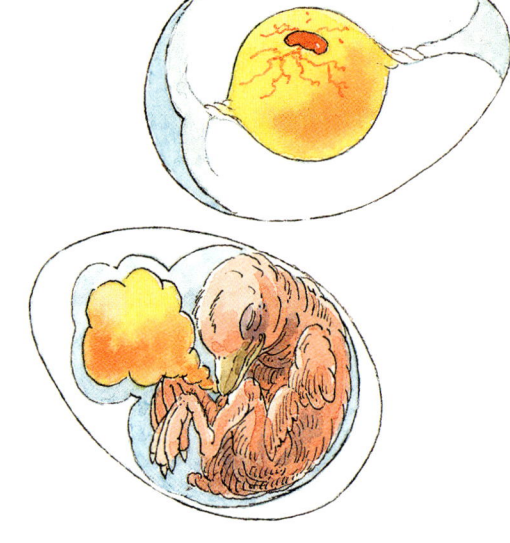

Jedes Ei hat außen eine harte Kalkschale. Innen liegt der Keimling, aus dem sich der junge Vogel entwickeln wird, wie eine kleine Scheibe auf dem Eidotter. Drum herum schützt ihn eine Schicht aus klarem Eiweiß. Der Keimling wird von Tag zu Tag größer und ähnelt allmählich einem Vogelbaby. Der kleine Vogel kann aber nur heranwachsen, wenn das Ei in dieser Zeit dauernd bebrütet wird. Das heißt, dass sich das Weibchen darauf setzt und es mit Körperwärme warm hält. Auch manche Männchen beteiligen sich am Brüten. Beiden hilft eine nackte Hautstelle am Bauch, der so genannte Brutfleck, den die Vögel nur während der Brutzeit haben. Wenn sie diese Stelle an die Eier drücken, kann die Körperwärme am besten weitergegeben werden.

Am Ende der Brutzeit hört man durch die Eierschale bereits ein erstes zartes Piepen. Um sich aus dem Ei zu befreien, hat das Vogeljunge ein nützliches Werkzeug mitbekommen: den Eizahn auf der Oberseite des Schnabels. Nach dem Schlüpfen verliert es ihn wieder.

Mit dem Eizahn pickt das Junge von innen ein Loch in die Schale. Das ist schwierig, denn im Ei ist es sehr eng geworden. Trotzdem schafft es das Junge, sich langsam im Kreis zu drehen und dabei ringsherum Loch an Loch in die Schale zu picken. Drückt nun der junge Vogel von innen gegen die Eikappe, kann er bald schon einen Flügel herausstrecken. Mit aller Kraft schiebt das Junge weiter, bis das Ei zerbricht. Erschöpft liegt es neben den zerbrochenen Schalen. Wenn die Federn getrocknet sind, kann man sich kaum noch vorstellen, dass es in das enge Ei hineingepasst hat!

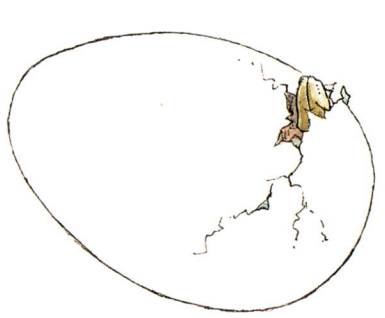

Eine kleine Ente kann bald hinter ihrer Mutter herlaufen und sich selbst ihr Futter suchen. »Nestflüchter« nennt man solche Vogeljungen, die gleich das Nest verlassen. Auch bei Hühnern, Schwänen und Gänsen ist das so.

Die meisten Vögel, die in diesem Buch beschrieben werden, sind »Nesthocker«: Nackt, blind und hilflos sitzen sie im Nest und sperren pausenlos den Rachen auf, damit ihre Eltern Futter hineinstopfen. Dazu stoßen sie hohe Bettelrufe aus. Oft teilen sich die Vogeleltern die mühevolle Aufgabe. Ein Blaumeisenpaar muss an einem Tag ungefähr 1000 Mal ausfliegen um Futter für die Jungen herbeizuschaffen! Wenn sie wieder vom Nest wegfliegen, nehmen sie die Kotbällchen mit, um das Nest sauber zu halten. Außerdem müssen die Eltern wachsam sein und Feinde vom Nest vertreiben. Ein paar Tage nach dem Schlüpfen bekommen die Jungen ihre ersten Federn. Zuerst wachsen sie auf den Flügeln und in der Mitte des Rückens wie auf einer Linie. Auch die Augen öffnen sich langsam, es dauert etliche Tage, bis sie ganz geöffnet sind.

Nach zwei, drei Wochen wird es eng im Nest, weil die Jungen fast ausgewachsen sind. Wenn die Flügel- und Schwanzfedern erschienen sind, kann es mit den ersten Flugversuchen losgehen. Die Jungen sind flügge geworden.

Was sie lernen müssen, ist nicht das Fliegen – das können sie von Natur aus –, sondern das Starten, Lenken und Landen. Außerdem müssen sie durch Abschauen von ihren Eltern lernen, wo sie Futter finden und wie sie zum Beispiel ihre Beute erlegen.

Nester – die Kinderzimmer
der jungen Vögel

Jeder Vogel weiß instinktiv, wie er sein Nest bauen muss. Wie das Nest einer Vogelart genau aussieht, hängt hauptsächlich von diesen Fragen ab:

- Wie lange bleiben die jungen Vögel im Nest? Wie stabil muss es sein? Wie viel Platz brauchen die Jungen? Wie weich muss es ausgepolstert werden?
- Welche Feinde sollen fern gehalten werden? Muss es hoch oben im Baum liegen oder in einer Höhle? Wie kann es versteckt werden?
- In welcher Landschaft lebt der Vogel? Gibt es hohe Bäume, dichtes Unterholz oder ein Seeufer? Kann man sich Mauerlücken in Häusern zunutze machen?
- Welches Nistmaterial steht zur Verfügung?

Auf jeden Fall ist ein Nest nicht etwa die Wohnung der Vögel, sondern dient (bis auf ein paar Ausnahmen) nur als Kinderstube für die Aufzucht der Jungen. Manche Vögel bauen ihre Nester zum Schutz vor Angreifern ganz nah beieinander. Andere verstecken ihr Nest möglichst unauffällig und schützen es auf diese Weise vor Nesträubern.

Dies sind die Hauptformen der Nester:

Feldlerchen bauen ein einfaches **Bodennest**. In eine Erdmulde legen sie ein paar Halme und Zweige.

Ein echtes Meisterwerk der Nestbaukunst
ist das **Napfnest** der Rohrsänger, das zwischen
vier hohen Schilfhalmen befestigt
wird. Es ist innen mit weichen
Federn und Gräsern
ausgekleidet.

Das **Kugelnest** des Zaunkönigs hat nur
eine Öffnung zum Rein- und Rausfliegen.

Der Schwan baut ein typisches **Haufen-
nest**. Dazu schichtet er eine Menge
Halme und Zweige übereinander.

Die Höhlenbrüter suchen sich einen morschen Baum oder eine Mauerlücke oder nehmen auch einen Nistkasten als Höhle an. Die Spechte meißeln sich ihre **Bruthöhle** selbst in einen Baumstamm.

20

Sie träumen in Bäumen

Wenn du annimmst, alle Vögel würden in ihren Nestern schlafen, dann irrst du dich. Nur einige Vogelarten ziehen sich zum Schlafen in alte Nester zurück. Aber wo schlafen die anderen?
Viele Vögel schlafen einfach so im Sitzen! Sie ruhen im Schutz eines Strauchs oder einer Hecke oder auf einem Baum. Ihr aufgeplustertes Federkleid wärmt sie.

Warum fallen sie dabei nicht von ihrem Zweig runter? Wenn der Vogel auf einem Ast landet, knickt das Gelenk zwischen dem Unterschenkel und dem Fuß ein. Dabei schließt sich automatisch die kleine Zehenkralle um den Ast – fast wie eine Wäscheklammer – und der Vogel kann nicht mehr herunterfallen.

Manche Vögel nehmen zum Schlafen den Kopf unter die Flügel oder auf den Rücken. Enten stehen zum Beispiel oft so am Ufer oder lassen sich schlafend auf dem Wasser treiben.

Viele Arten schlafen in Gemeinschaft. Wenn die Sonne allmählich untergeht, kreisen die Rabenkrähen in großen Schwärmen laut spektakelnd um ihren Schlafbaum. Es dauert eine Weile, bis alle den richtigen Platz auf dem Baum gefunden haben.

Vögel träumen auch. Sie verarbeiten im Traum Eindrücke des Tages oder Liedstrophen.

Vögel auf Weltreise

Für uns ist es ganz normal, in den Sommerferien ein großes Flugzeug zu besteigen und in den sonnigen Süden zu fliegen. Nach ein paar Stunden kommen wir frisch und munter an unserem Ziel an. Kannst du dir vorstellen, dass so ein kleiner Vogel wie eine Schwalbe oder eine Nachtigall genauso weit und manchmal noch viel weiter aus eigener Kraft fliegt?

Wenn wir eine Flugreise machen, kümmern wir uns nicht um die Flugroute, das macht der Pilot für uns. Aber die Vögel müssen ihren Weg selber finden. Wie machen sie das nur?

Wissenschaftler haben sich lange mit den Reisen der Zugvögel beschäftigt und sie forschen immer weiter, weil vieles bis heute noch ein Geheimnis ist.

WARUM ZIEHEN MANCHE VÖGEL IM HERBST FORT?

Die meisten Zugvögel sind Insektenfresser wie zum Beispiel der Mauersegler. Sie finden bei uns im Winter nicht mehr genug Nahrung und müssen deshalb in wärmere Gebiete ziehen, wo es Insekten gibt. Die Körner- oder Allesfresser bleiben bei uns, sie finden hier das ganze Jahr über genug zu picken. Vögel, die nicht fortziehen, sind »Standvögel«. Bei den »Teilziehern« machen sich nicht alle, sondern nur einige auf die lange Reise.

WOHER WISSEN SIE DIE RICHTIGE REISEROUTE?

Das Wissen über den richtigen Flugweg erbt das Vogelkind von seinen Eltern. Wenn die Eltern etwa über Spanien nach Afrika ziehen, dann tun das die Jungen auch. Viele Vogelarten machen sich einzeln auf die weite Reise, andere fliegen in Gruppen oder in Schwärmen. Aber jeder Reiseteilnehmer weiß ganz genau, wo es langgeht. Für uns ist das unvorstellbar, denn uns fehlt die spezielle Fähigkeit, die den Vögeln hilft. Sie haben nämlich einen »Magnetsinn«, das ist so etwas wie ein innerer Kompass. Dass der Erdball mit einem feinen Netz von Magnetlinien überzogen ist, weißt du vielleicht schon. Wir können dieses Netz nicht wahrnehmen, doch die Vögel können sich mit Hilfe ihres Magnetsinnes auf ihrer langen Reise danach richten. Außerdem sind die Vögel in der Lage, sich an Sonne, Mond und Sternen zu orientieren. Sie nehmen wahr, wie sich die Stellung der Himmelslichter im Laufe von Tag und Nacht verändert. Ist das nicht eine fantastische Fähigkeit?

WOHER HABEN DIE VÖGEL GENUG ENERGIE
FÜR DIE LANGE REISE?

Für die Reise von vielen Tausend Kilometern brauchen die kleinen Vögel sehr viel Energie. Den Sommer über fressen sie sich darum ein kleines Fettpolster an. Das allein würde aber nicht reichen. Die Zugvögel müssen zusätzlich noch einige Tricks anwenden: Sie sparen Energie, indem sie sich vom Wind unterstützen lassen: Rückenwinde schieben die Vögel leicht vor sich her und Winde, die von der Erde aufsteigen, tragen sie hoch hinauf.

Hast du schon mal Kraniche oder Graugänse ziehen sehen? Sie fliegen in einer Dreiecksform. Hier besteht der Trick darin, dass alle den Windschatten des Vogels vor ihnen ausnutzen. Der Vogel an der Spitze muss am meisten Kraft aufwenden, die hinter ihm Fliegenden haben es leichter. Deshalb wird die Spitzenposition regelmäßig getauscht.

Amsel

- **Männchen**: schwarzes Gefieder, heller Ring um die Augen, gelb-orange-farbener Schnabel
- **Weibchen**: braunes Gefieder, an der Unterseite heller und gefleckt
- Länge vom Schnabel bis zur Schwanzspitze: 25 cm
- Oft in Gärten, Parks und auf Friedhöfen
- Bleibt im Winter bei uns
- Frisst Regenwürmer, Insekten, Früchte
- Baut aus Pflanzenteilen ein Nest wie einen Napf und kleidet es mit getrocknetem Schlamm und feinen Halmen aus
- Singvogel

Eine Amsel hast du bestimmt schon gesehen. Früher war sie ein scheuer Waldvogel, hat sich aber immer mehr an das Leben in der Nähe der Menschen angepasst und ist einer der häufigsten Vögel in unserer Umgebung geworden. Manches Amselweibchen baut ihr Nest gar in den Blumenkasten auf dem Balkon. Wenn du eine Amsel regelmäßig rufst und fütterst, kann sie so zahm werden, dass sie dir aus der Hand frisst. Ein bisschen Geduld brauchst du dafür allerdings schon.

Amseln sind echte Spezialisten bei der Regenwurmjagd. Sie hüpfen ruckartig auf dem Boden hin und her, halten mit schief gelegtem Kopf Ausschau und packen blitzschnell mit ihrem Schnabel zu, wenn sich ein Regenwurm aus seinem Erdloch wagt. Dann ziehen sie den ganzen Wurm geschickt heraus.

Weil sie auch in der kalten Jahreszeit genug Futter bei uns finden, ziehen sie nicht in den warmen Süden. Im Herbst fressen sie am liebsten die letzten Äpfel und Birnen, die noch an den kahlen Bäumen hängen.

Amseln sind sehr gute Sänger. In der Morgen- und Abenddämmerung sitzen sie hoch oben in den Baumwipfeln oder auf Hausdächern und schmettern ihre Lieder, die feierlich und musikalisch sehr abwechslungsreich klingen. Dann fallen oft andere Amseln ein und geben ein richtiges Konzert.

Buntspecht

- Schön gefärbtes schwarz-weißes Gefieder, unter dem Schwanz rot; das Männchen hat auch einen roten Nacken
- Länge vom Schnabel bis zur Schwanzspitze: 22 bis 25 cm
- Lebt in Wäldern, aber auch in Parks und Gärten mit genügend großen Bäumen
- Bleibt im Winter bei uns
- Frisst Käfer, Insekten, Samen und Nüsse
- Legt die Eier in selbst gezimmerte Baumhöhlen, die auf dem Boden mit Spänen bedeckt sind

Auf der Suche nach Futter klettert der Buntspecht den Baumstamm hoch und hackt mit seinem kräftigen Schnabel die Borke auf. Mit seiner langen, dünnen und klebrigen Zunge gelangt er an die darunter versteckten Käfer und Insekten.

Im Winter ernährt sich der Specht von Samen und Nüssen. Um eine harte Nuss zu knacken, klemmt der Specht sie in eine Baumspalte ein und kann sie dort so lange mit seinem Schnabel bearbeiten, bis die Schale bricht.

Was für die Singvögel der Gesang, ist für den Specht das Trommeln. 10 bis 15 Mal in der Sekunde hämmert der Specht mit seinem Schnabel auf einen Baum ein. Dies tut er, um einen Partner anzulocken, sich mit ihm zu verständigen oder um anderen Spechten zu zeigen: »Dies hier ist mein Revier!« Dass er dabei keine Kopfschmerzen bekommt, liegt daran, dass ein »Stoßdämpfer« zwischen Schnabel und Schädel eingebaut ist, der die Schläge abmildert.

Hat sich ein Paar gefunden, meißeln sie gemeinsam eine etwa 25 cm tiefe und 15 cm breite Nisthöhle in einen Baumstamm hinein. Dafür muss viel Holz zerkleinert und beiseite geschafft werden. Trotzdem baut ein Specht sogar oft mehrere Höhlen in seinem Revier, die er als Schlafhöhlen nutzt. Verlassene Spechthöhlen sind bei anderen Vögeln sehr begehrt, Stare oder Meisen ziehen gern ein um hier ihre Eier zu legen.

Elster

- Großer Vogel mit schillerndem, schwarz-weißem Gefieder und sehr langem Schwanz
- Länge vom Schnabel bis zur Schwanzspitze: 44 bis 48 cm
- Lebt in Städten, am Waldrand, in Hecken
- Bleibt im Winter bei uns
- Allesfresser: Insekten, Würmer, Schnecken, Kleintiere, Eier, Pflanzen und Abfälle
- Überdachtes Nest aus Zweigen, innen mit Lehm ausgekleidet
- Singvogel

Die Elster hat wirklich einen sehr schlechten Ruf. Es heißt, sie stiehlt die Eier aus fremden Nestern und bringt Vögel um. Darum verfolgen manche Menschen diesen Vogel. Vogelschützer verteidigen die Elster, denn meist besteht ihre Nahrung aus Insekten, Schnecken, Würmern, aus Pflanzen und Abfällen. Nur selten gehören Eier und Jungvögel zur Beute.

Ihr rauer und krächzender Gesang trägt bestimmt auch nicht dazu bei, dass die Menschen die Elstern mehr zu schätzen wissen. Wenn Gefahr droht, lassen Elstern ein lautes und durchdringendes »Schäck-schäck-schäck« hören. Aber sie können auch leiser klingen: Elsternpaare, die meist ihr ganzes Leben lang zusammenbleiben, unterhalten sich häufig in einem weichen Plaudergesang. Auf diese Weise bestätigen sie sich gegenseitig, dass sie zusammengehören. Eine nette Eigenart, oder nicht? Die Menschen leiteten daraus ab, dass die Elster geschwätzig sei!

Ihr großes, kugeliges Nester baut die Elster oft hoch in den Bäumen. Zum Schutz gegen Feinde deckt sie es von oben mit Zweigen ab. Dort zieht sie bis zu sieben Junge auf.

Elstern nehmen gerne glänzende, auffallende Gegenstände mit in ihr Versteck. Es handelt sich allerdings meist nur um glänzendes Papier oder kleine Metalldeckel. Ringe oder Perlenketten gehören kaum zu ihrer Beute.

In China und Japan gilt die Elster als Glücksbringer, vor allem für Verliebte! Davon erzählt die folgende Legende:

DIE BRÜCKE DER ELSTERN

Die Lieblingstochter des Himmelskönigs konnte wunderschöne Stoffe aus Seide weben. Eines Tages verliebte sie sich in den Hirten der königlichen Herde. Dieser war ein großer Vogelkenner und konnte mit vielen Vögeln sprechen. Weil der Hirte ihm immer treu gedient hatte, stimmte ihr Vater zu und die beiden heirateten. Doch schon bald nach der Hochzeit webte das Mädchen keine kostbaren Stoffe mehr und der Hirte passte nicht mehr auf die Tiere auf. Die beiden tummelten sich lieber an den schönsten Plätzen des Himmels als ihre Arbeit zu tun.

Erzürnt zeichnete der König mit seinem Pinsel einen Fluss in den Himmel und trennte die beiden. Fortan musste jeder einsam und allein auf einer Flussseite seine Aufgaben verrichten.

Schließlich bekam der König Mitleid mit ihnen und sagte: »In der siebten Nacht des siebten Monats dürft ihr euch sehen, wenn ihr jemanden findet, der euch über den Fluss bringt!«

Da kamen alle Elstern zum himmlischen Fluss geflogen und bildeten mit ihren Körpern eine Brücke darüber. So konnten die Liebenden zueinander kommen und sich in der Mitte der Brücke in die Arme nehmen. Sie setzten sich hin und redeten miteinander, bis der Morgen graute. Dann mussten sie sich wieder trennen und die Elstern flogen davon.

Seitdem bangen die beiden in jeder siebten Nacht des siebten Monats, ob die Elstern wiederkommen und eine Brücke bauen können.

Der Schatz von Else Silberglanz

Für dieses Spiel brauchst du viele kleine Gegenstände, eine Decke und mindestens einen anderen Mitspieler:

Einer von euch ist die Elster Else Silberglanz. Sie ist stolz auf ihre vielen schönen Schätze. Diese (mindestens sieben) liegen auf dem Boden oder auf dem Tisch unter der Decke versteckt. Dann nimmt Else die Decke weg und zeigt ihren Schatz vor.
Doch plötzlich dringt ein Rivale in Elses Revier ein. Sie dreht sich um und ruft dreimal ganz laut: »Schäck-schäck-schäck!«
In dieser Zeit nimmt der zweite Spieler schnell einen oder mehrere Gegenstände weg oder legt etwas dazu. Wenn Else sich wieder umdreht, muss sie sagen, was sich verändert hat.
Hat sie das Rätsel gelöst, spielt der nächste die Rolle von Else Silberglanz.

Eule

Waldkauz

- Gefieder rotbraun oder grau; dicker, rundlicher Kopf ohne Federbüschel; dunkle Augen
- Länge vom Schnabel bis zur Schwanzspitze: 37 bis 40 cm
- Lebensraum: weit verbreitet, lichte Wälder, aber auch in Gärten und Parks
- Bleibt im Winter hier
- Frisst Mäuse, andere kleine Tiere und Vögel
- Nistet in hohlen Bäumen, in Mauerlöchern oder Nischen von Kirchtürmen oder Ruinen

Waldohreule

- Gefieder braun, oben am Kopf Federbüschel, orangerote Augen
- Kleiner und schlanker als der Waldkauz
- Länge vom Schnabel bis zur Schwanzspitze: 30 bis 37 cm
- Lebensraum: Waldränder, vor allem im Winter auch auf Friedhöfen und in Parks
- Frisst hauptsächlich Mäuse, aber auch andere kleinere Tiere
- Baut selbst nur selten ein Nest, sondern nutzt die alten Nester anderer Vögel, z. B. von Krähen und Elstern, oder verlassene Eichhörnchenkobel (Kobel = Nest)

Kurz nach Sonnenuntergang, wenn die Dämmerung einsetzt, fliegen Eulen auf der Suche nach Beute aus. Sie hören das leiseste Rascheln im Laub und ihren scharfen Augen entgeht selbst im Mondschein nichts. Ihr weiches Gefieder ist so aufgebaut, dass sie lautlos fliegen können. Haben sie eine Maus erspäht, ergreifen sie sie mit den spitzen Krallen an den Füßen und töten sie mit einem schnellen Hieb des gekrümmten Schnabels.

Eulen fressen ihre Beute vollständig auf. Im Magen wird dann das Fleisch verdaut. Harte Knochen und unverdauliches Fell werden zu einem Bündel gerollt. Dieses »Gewölle« würgt die Eule wieder aus. Unter dem Ruhebaum einer Eule kannst du im Wald manchmal solche Gewölle finden. Sie wirken übrigens nicht unappetitlich oder eklig. Du kannst sie in einer Streichholzschachtel mit nach Hause nehmen und dort mit einer Pinzette untersuchen.

Die nächtliche Jagd ist sehr anstrengend. Kurz bevor die Sonne wieder aufgeht, fliegt die Eule an ihren Ruheplatz auf einem Baum, wo sie den Tag an den Baumstamm gelehnt verschläft. Weil die Farben ihres Gefieders der Baumrinde ähneln, ist sie in dieser Zeit bestens getarnt.

Typisch für alle Eulen ist der dicke Kopf mit den großen, nach vorn gerichteten Augen. Ihr Blick wirkt starr und unheimlich, weil sie die Augen wenig bewegen können. Dafür können Eulen bequem sitzen bleiben und trotzdem nachschauen, was hinter ihnen los ist, denn sie können ihren Kopf ohne Mühe bis auf den Rücken drehen!

Von allen Eulenarten sind die Waldohreule und der Waldkauz bei uns am häufigsten zu sehen. Der Waldkauz ist etwas größer und dicker; außerdem hat er ganz dunkle Augen. Mit seinem unheimlich klingenden »hu-hu-hu-hu« versucht er ein Weibchen anzulocken. Das Weibchen antwortet ihm mit »kuwi-iwi«.

Die Waldohreule ist leicht an den orange-roten Augen und den Federbüscheln auf ihrem Kopf zu erkennen. Die Büschel sehen zwar aus wie Ohren, aber sie sind keine. Die Ohröffnungen liegen versteckt seitlich und etwas tiefer am Kopf.

Die Waldohreule sucht sich ein Krähen- oder Elsternnest und legt dort ihre Eier. Die Jungen schlüpfen etwa nach vier Wochen. Sie sehen aus, als wären sie in Spinnweben eingewickelt, ganz struppig und grau. Nachts fiepen sie laut klagend und rutschen ständig in ihrem Nest hin und her. Wenn sie nach drei Wochen das Nest verlassen, können sie noch nicht fliegen. Sie sitzen auf Ästen und werden immer noch von ihren Eltern gefüttert. Manchmal fallen sie auch herunter und bleiben auf dem Boden hocken. Wenn du einen solchen Jungvogel findest, nimm ihn auf keinen Fall mit! Er wirkt zwar sehr verlassen, aber seine Eltern sind gewiss in der Nähe und kümmern sich noch um ihn.

Der lateinische Name des Waldkauzes klingt wie ein Zauberspruch: *Strix aluco!* Das könnte doch direkt aus der Zauberei-schule von Harry Potter stammen. Seit er stolzer Besitzer der Schneeeule Hedwig ist, wünschen sich viele Kinder ebenfalls eine Eule als Haustier. Doch das ist nur in einem Kinderroman eine gute Idee, wie du dir jetzt sicher vorstellen kannst.

Waldohr-
eule

Schnee-
eule

Feldlerche

- Braunes Gefieder mit schwarzbraunen Längsstreifen
- Länge vom Schnabel bis zur Schwanzspitze: 16 bis 20 cm
- Einige fliegen ins warme Winterquartier, einige bleiben bei uns
- Lebt in freiem Gelände, auf Feldern, Brachland, Heide
- Frisst Insekten, Würmer, Käfer, im Winter auch Samen und Körner
- Bodennest
- Singvogel

Den wunderschönen Frühjahrs- und Sommergesang der Feldlerche hast du hoffentlich schon oft hoch oben in der Luft gehört, sobald du hinaus aufs Feld gekommen bist. Leider werden die Feldlerchen bei uns seltener, weil es durch die intensive Landwirtschaft immer weniger offenen Boden für sie gibt. Freue dich um so mehr, wenn du den Lerchenmännchen lauschen kannst, die fantastisch singen, jubilieren und tirilieren. Die »Pavarottis« unter ihnen können Arien schmettern, die eine Stunde lang dauern. Das tun sie natürlich nicht für uns, sondern um ein Weibchen anzulocken und ihr Revier anzuzeigen. So weit ihr Gesang ertönt, so weit reicht ihr Herrschaftsgebiet.

Feldlerchen bauen ihr Nest zwischen Erdschollen und Grasbüscheln oder in Mulden auf dem Boden. Es ist locker aus Halmen und Wurzeln zusammengesteckt und mit Tierhaaren ausgepolstert. Hier legt das Weibchen ab Mitte April drei bis fünf braun gefleckte Eier, aus denen nach zwei Wochen die Jungen schlüpfen. So ein Bodennest ist sehr gefährdet. Wiesel und vor allem Greifvögel wie der Sperber holen sich die kleinen hilflosen Jungvögel. Aber auch wenn der Bauer zu früh die Wiese mäht oder das Feld aberntet, werden die Nester zerstört und die Jungen getötet. Um diesen Verlust wieder auszugleichen, legt das Weibchen drei Mal im Jahr Eier.

Stell dir vor: Früher galten die Lerchen als ein ganz besonderer Leckerbissen. In riesigen Netzen wurden die Vögel zu Tausenden gefangen und dann verspeist.

Die Lerche ist ein Sinnbild der Hoffnung, weil sie jeden neuen Morgen verkündet. Sie steigt nämlich schon bei der ersten Morgenröte aus ihrer Furche und beginnt zu singen.

Fink

Buchfink

- Männchen mit grau- blauem Kopf und weinroter Brust; Weibchen rostbraun, beide haben schwarz-weiße Streifen auf den Flügeln
- Länge vom Schnabel bis zur Schwanzspitze: 15 cm
- Weibchen ziehen im Winter in wärmere Gegenden
- Frisst Samen, Körner, Knospen, während der Brutzeit Insekten und Spinnen
- Napfnest
- Singvogel

Grünfink

- moosgrünes Gefieder mit gelben Stellen an den Flügeln, Weibchen mattere Farben
- Länge vom Schnabel bis zur Schwanzspitze: 12 bis 14 cm
- Bleibt im Winter bei uns
- Frisst Samen, Körner, Insekten, auch Blattläuse und Früchte
- Napfnest
- Singvogel

Zur Familie der Finken gehören der Buchfink und der Grünfink, der Gimpel, der Distelfink, der Fichtenkreuzschnabel, der Kernbeißer und noch viele andere.

Der Buchfink ist neben der Amsel und der Kohlmeise der häufigste Vogel in Europa. Er lebt überall, wo es Bäume gibt. Im Winter ziehen die Weibchen oft in den warmen Süden, während die Buchfinkenmännchen in Schwärmen bei uns herumfliegen und oft an Futterplätzen zu beobachten sind. Der Grünfink (oder »Grünling«, wie er auch genannt wird) galt früher als Symbol für Unerfahrenheit, weil er sich leicht von Vogelfängern fangen ließ. Vielleicht hast du schon gehört, dass man einen unerfahrenen Menschen einen »Grünschnabel« nennt.

Der Grünfink wurde gefangen, weil man ihn wegen seines Gesangs im Käfig als Stubenvogel hielt. Es klingt, als würde er seinen Namen rufen: »pink, pink«. Außerdem kann er aber auch ganze Arien schmettern, und zwar so gut, dass früher sogar Wettbewerbe mit singenden Finkenmännchen durchgeführt wurden!

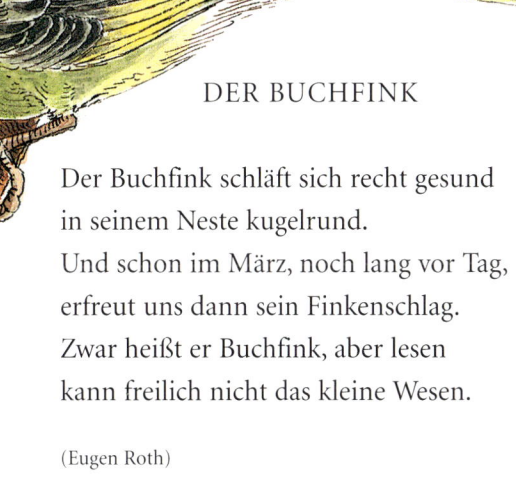

DER BUCHFINK

Der Buchfink schläft sich recht gesund
in seinem Neste kugelrund.
Und schon im März, noch lang vor Tag,
erfreut uns dann sein Finkenschlag.
Zwar heißt er Buchfink, aber lesen
kann freilich nicht das kleine Wesen.

(Eugen Roth)

Kuckuck

- *Männchen*: oben graues Gefieder, Bauch weiß mit dunklen Querstreifen
- *Weibchen*: oben grau oder rotbraun, Bauch schwarz gestreift
- Beide haben einen langen Schwanz und kurze Beine
- Länge vom Schnabel bis zur Schwanzspitze: 32 bis 34 cm
- Lebt in Laubwäldern und großen Parks
- Zugvogel
- Frisst Insekten, auch haarige Raupen, die von anderen Tieren verschmäht werden
- Baut kein Nest

»Kuckuck, kuckuck« – Wenn du diesen Ruf irgendwo hörst, dann weißt du: Der Frühling ist da! Wenn sich ein Kuckucksweibchen davon anlocken lässt, antwortet sie mit einem lauten Kichern. Kuckucke sind Einzelgänger. Das Paar bleibt nur so lange beieinander, bis das Weibchen Eier gelegt hat. Aber wie das vonstatten geht, das ist ein richtiger Krimi. Denn Kuckucke bauen selbst kein Nest und kümmern sich auch nicht um die Aufzucht ihrer Jungen, sondern überlassen diese Arbeit anderen Vögeln.

Zuerst beobachten die Kuckucke unauffällig ein Singvogelpaar beim Nestbau und beim Eierlegen der ersten Eier. Wenn die anderen Vögel gerade ausgeflogen sind, wirft das Kuckucksweibchen ein Ei aus dem Nest und legt blitzschnell ihr eigenes Ei hinein. Das Weibchen legt immer nur ein Ei in ein fremdes Nest, aber insgesamt in einem Frühling ungefähr 15 Eier! So oft muss es also Wirtseltern finden und austricksen.

Kuckucksweibchen legen ihre Eier in Nester der Vogelart, von der sie selbst aufgezogen wurden. Diese Singvögel sind meist viel kleiner als die großen Kuckucke, zum Beispiel Teichrohrsänger, Bachstelze und sogar der winzige Zaunkönig.
Es kommt vor, dass die Wirtseltern den

Schwindel bemerken und das fremde Ei zerstören oder woanders ein neues Nest bauen. Aber oft brüten sie es als eigenes Ei mit aus.

Der junge Kuckuck schlüpft als Erster. Er ist noch ganz nackt und blind. Während der nächsten drei bis vier Tage wirft er alles aus dem Nest, womit er in Berührung kommt. Auch die nach ihm geschlüpften Jungen seiner Wirtseltern wuchtet er sich auf seinen breiten Rücken und stemmt sie über den Nestrand, bis er allein im Nest sitzt. Weil er selbst viel größer ist als die anderen Jungen, braucht er allein so viel Futter wie die ganze übrige Kinderschar.

Die Wirtseltern merken zwar, dass da plötzlich nur noch ein fremder Vogel im Nest sitzt. Aber der angeborene Drang, einen Jungvogel zu füttern, wenn er seinen roten Rachen aufsperrt und seinen lauten Bettelruf ertönen lässt, ist so stark, dass sie unermüdlich Futter herbeischaffen. Der junge Kuckuck wächst schnell und bald müssen seine Wirtseltern ihm auf den Kopf fliegen, um ihm von dort aus die Insekten, Käfer oder Würmer hineinzustopfen.
Selbst wenn der Kuckuck das Nest verlässt, wird er noch drei weitere Wochen lang gefüttert.

Kuckucksei

Du brauchst:

- mehrere Mitspieler
- einen kleinen Ball
- eine Mütze (oder Taschentuch oder Brotdose), die das Nest darstellt

Ein Kind ist der Kuckuck, die anderen sind die Vögel, die ihre Nester gebaut haben. Die Vögel hocken im Kreis. Sie halten den Kopf gesenkt und schließen die Augen. Jeder hat sein Nest hinter sich. Der Kuckuck hüpft außen um den Kreis und legt möglichst unbemerkt den Ball in eines der Nester. Der Vogel, in dessen Nest das fremde Ei gelegt wurde, versucht nun, den Kuckuck zu fangen, bevor der eine Runde geschafft hat und wieder bei dem Nest angekommen ist. Gelingt es dem Vogel, ist er der neue Kuckuck. Gelingt es nicht, fängt das Spiel mit dem alten Kuckuck von vorn an.

Teichrohrsänger

Mauersegler

- Braunschwarzes Gefieder, kurze Stummelbeine; lange, sichelförmige Flügel, kurzer gegabelter Schwanz
- Länge vom Schnabel bis zur Schwanzspitze: 16 cm
- Lebt in Dörfern und Städten
- Zugvogel
- Frisst kleine Insekten
- Höhlenbrüter: einfaches, napfförmiges Nest

Mauersegler verbringen ihr Leben fast nur in der Luft. Ihre Beine und Füße brauchen sie kaum, darum sind diese ganz kurz und dünn. Um so länger sind die sichelförmigen Flügel. Atemberaubend schnell und wendig flitzen die Luftakrobaten um unsere Häuser und hoch über die Dächer. Dabei hört man ein lautes »Sriih-sriih«. Singvögel sind sie nicht.

Stell dir vor: Die Mauersegler schlafen sogar in der Luft! Dazu steigen sie bis auf eine Höhe von 2000 Metern auf und lassen sich im Wind treiben.

Zum Fressen fliegen Mauersegler gegen den Wind und sperren einfach ihren Rachen auf; so werden kleine Insekten und Spinnen hineingeweht. Wenn sie Durst haben, fliegen sie dicht über einer Wasseroberfläche und tauchen ihren Schnabel dort ein. Mauersegler bleiben manchmal mehrere Wochen lang in der Luft, ohne zu landen. Wenn sie doch einmal Station auf der Erde machen, krallen sie sich an höher gelegenen, senkrechten Flächen wie Mauern oder Felsen fest. Daher kommt auch ihr Name.

Mauersegler können 20 Jahre alt werden und fliegen in dieser Zeit insgesamt so weit wie acht Mal zum Mond und zurück! Jedes Jahr Anfang Mai kommen sie nach einer langen beschwerlichen Reise aus dem südlichen Afrika bei uns an um hier ihre Jungen aufzuziehen. Anfang August fliegen sie bereits wieder zurück.

Ihr einfaches Napfnest bauen sie in hohlen Bäumen, unter kaputten Dachziegeln oder in Mauernischen. Auch ihr Nistmaterial wie Federn, Pflanzenteile oder Papierstückchen sammeln sie im Flug aus der Luft auf. Sie kleben die Teile mit ihrem Speichel zusammen und formen ein napfförmiges Gebilde, in das sie zwei bis drei weiße Eier legen.

Auch wenn sie Schwalben ähneln: mit ihnen sind Mauersegler nicht verwandt!

Mäusebussard

- Das Gefieder kann ganz unterschiedliche Farben haben, von weiß bis dunkelbraun, aber fast immer gibt es ein weißes Feld im Bereich der Schwungfedern.
- Länge vom Schnabel bis zur Schwanzspitze: 45 bis 55 cm
- Spannweite: 110 bis 130 cm
- Frisst vor allem Feldmäuse sowie Maulwürfe, Hamster, Kaninchen, aber auch tote Tiere und Fleischabfälle
- Lebt in Waldrändern, auf Feldern, sogar in großen Parks
- Die meisten bleiben im Winter bei uns, manche fliegen in wärmere Gegenden
- Großer Horst hoch auf Bäumen
- Greifvogel

Vom Autofenster aus hast du sicher schon öfter einen Mäusebussard erspäht, wie er neben der Landstraße auf einem erhöhten Platz hockte und nach Beute Ausschau hielt. Der Mäusebussard ist nämlich der häufigste Greifvogel bei uns. Oft sitzt er auf den Pfosten des Zauns, der um eine Kuhweide führt. Oder er segelt im kreisenden Gleitflug über sein Jagdrevier, das stets im offenen Gelände, nicht im Wald liegt.

Es ist spannend, einen Mäusebussard bei der Jagd zu beobachten. Zunächst sitzt er ruhig auf einem Spähplatz. Wenn er mit seinen scharfen Augen eine geeignete Beute ausgemacht hat, stößt er im Sturzflug auf sein Opfer hinunter, ergreift es mit seinen Krallen und tötet es.

Er erkennt sogar Mäuse, die sich unter der Schneedecke bewegen. So kann er auch im Winter sein Lieblingsessen erbeuten. Sein Hakenschnabel ist für ihn das Gleiche wie für uns ein Messer: Damit zerkleinert er seine Nahrung.

Vielleicht hast du seinen Ruf schon mal gehört: Das kurze »Hiäh, Hiäh« hoch oben in der Luft klingt ähnlich wie das Miauen einer Katze.

Meise

Blaumeise

- Blaue »Kappe« auf dem Kopf, gelbe Brust, graublaue Flügel und Schwanz, dunkler Augenstreifen
- Länge vom Schnabel bis zur Schwanzspitze: 11 bis 12 cm

Kohlmeise

- Kopf schwarz mit weißen Wangen, Oberseite blaugrün, Unterseite gelb, schwarzes Band längs auf der Brust
- Länge vom Schnabel bis zur Schwanzspitze: 13 bis 15 cm

- Bleiben beide im Winter bei uns
- Fressen Insekten, Spinnen, Raupen, Nüsse und Samen
- Nisten gern in Baumhöhlen oder in Nistkästen
- Singvögel

Alle Meisen sind kleine, rundliche Vögel mit spitzem Schnabel. Mit ihm stöbern sie auch in schmalen Ritzen Insekten auf. Sie turnen geschickt an Ästen herum und hängen dort oft wie Akrobaten mit dem Kopf nach unten. Meisen sind schlau. In England, wo morgens die Milchflaschen für das Frühstück vor die Haustüren gestellt werden, haben sie sogar gelernt, die Deckel durchzupicken, um an die Milch zu kommen!

Am liebsten nisten Meisen in Baumhöhlen, aber sie gehen auch gern in für sie aufgehängte Nistkästen. Meisen legen bis zu 14 Eier in ein Nest! Zum Schutz ihrer Kleinen gegen Krankheitserreger polstern die Meiseneltern das Nest mit Duftkräutern aus (Minze, Schafgarbe, Lavendel usw.). Wenn die Kräuter nicht mehr duften, tauschen die Meiseneltern sie gegen neue aus.

Die Kohlmeise ist die größte Meise, die es in unserer Umgebung gibt. An sonnigen Wintertagen kündigt der Gesang des Männchens den kommenden Frühling an: »Zizibe, zizibe, die Sonne schluckt den letzten Schnee«!

Auch die etwas kleinere Blaumeise kann man schon im Winter hören. Ihr Triller kann zart und hell klingen wie ein Glöckchen. Die Blaumeise heißt so, weil sie eine blaue Kappe auf dem Kopf trägt.

Möwe

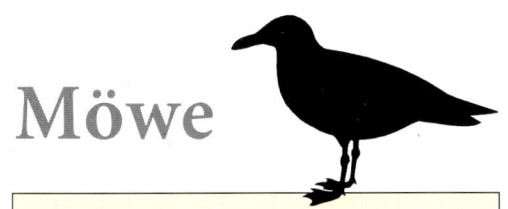

- Weißer Kopf, weißer Körper, aber Rücken und Oberseite der Flügel silbergrau, gelber Schnabel mit einem roten Punkt, schwarze Flügelspitzen mit weißen Flecken, Schwimmhäute zwischen den Zehen
- Länge vom Schnabel bis zur Schwanzspitze: 56 bis 66 cm
- Bleibt im Winter bei uns
- Frisst fast alles, was ihr vor den Schnabel kommt: Insekten, Krebse, Krabben, Würmer, Muscheln, tote Tiere und Abfälle
- Einfaches Bodennest
- Schwimmfähiger Seevogel

Wohl jeder denkt bei dem klagenden, lauten Ruf der Silbermöwe: »Ki-jah, ki-jah, ki-jah« sofort ans Meer. Sie sind echte Allesfresser und dabei ganz schön geschickt: Große Muscheln lassen sie aus der Luft auf einen harten Untergrund fallen, damit die Muschelschalen zerbrechen und sie an das Muschelfleisch kommen. Silbermöwen sind nützlich. Sie halten den Strand sauber, weil sie auch tote Tiere und Abfall fressen. Wie alle Seevögel können Silbermöwen ohne Schaden auch salziges Meerwasser trinken. Sie haben besondere Drüsen am Schnabel, die das Salz aus dem Körper ausscheiden.

Ihre ausgebreiteten Flügel messen von Flügelspitze zu Flügelspitze 1 Meter 50. Miss einmal deine ausgebreiteten Arme nach. Na, wer hat gewonnen?

In den Dünen, auf Felsen oder Wiesen bauen die Silbermöwen Nester aus Gräsern, Stöckchen und Federn, in die sie zwei bis drei Eier legen. Sie nisten in Kolonien, das heißt, mit vielen anderen dicht beieinander. Gemeinsam können sie Feinde besser vertreiben. Die Eier sind ungefähr doppelt so groß wie Hühnereier. Abwechselnd hocken Männchen und Weibchen etwa 28 Tage auf dem Nest, bis die Jungen schlüpfen. Die Jungvögel haben zuerst braun geflecktes Gefieder. Erst nach vier Jahren sehen sie so aus wie die erwachsenen Vögel.

Nachtigall

- Unscheinbares braunes Gefieder mit kastanienfarbigem Schwanz,
- grauweiße Färbung an Kehle und Bauch
- Länge vom Schnabel bis zur Schwanzspitze: etwa 16 cm
- Lebt in Hecken und Gebüsch
- Zugvogel
- Frisst Insekten, Würmer, Schnecken, Beeren
- Singvogel
- Einfaches Bodennest

Die Nachtigall ist eine weltberühmte Sängerin! Ihre schönsten Lieder lässt sie ganz früh am Morgen und am späten Abend ertönen. Im Internet kannst du dir unter den Adressen www.vogelstimmen.de oder www.stiftung-naturschutz-hh.de ihren Gesang einmal anhören. Sie singt so fabelhaft um einen Partner anzulocken. Sie baut ihr Nest in Bodennähe im niedrigen Gebüsch.

Mit ihrem erdfarbenen Gefieder passt sie sich sehr gut an diese Umgebung an und schützt sich und ihr Nest so vor Angreifern.

Wegen ihres betörenden Gesangs wird die Nachtigall in Gedichten, Musikstücken und Geschichten gerühmt.

Der Dichter Hans Christian Andersen widmete ihr ein Märchen. Darin geht es um einen Kaiser in China, der von dem wunderschönen Gesang der Nachtigall hörte. Er ließ eine einfangen, damit sie ihn jede Nacht in den Schlaf singen sollte.

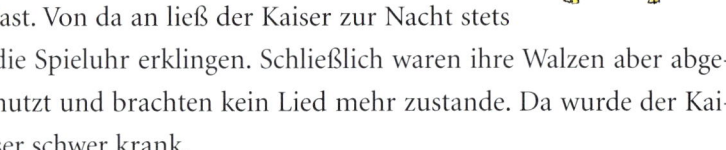

DIE KÜNSTLICHE NACHTIGALL

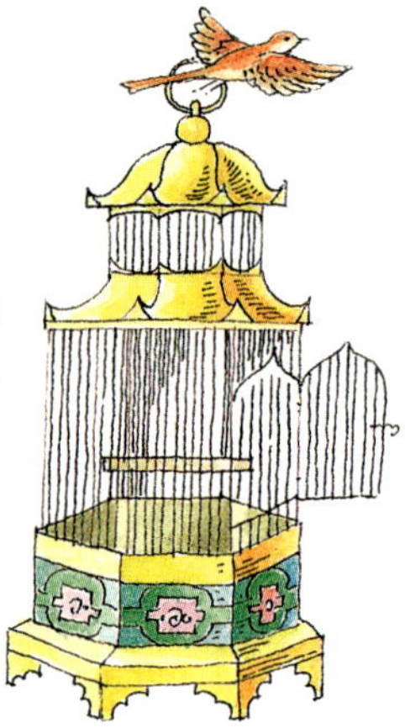

Eines Tages schenkte jemand dem Kaiser eine künstliche Nachtigall. Das war eine kostbare Spieluhr, die ein Lied der Nachtigall nachmachen konnte. Weil diese viel schöner aussah als die unscheinbare lebendige Nachtigall, verjagte man den echten Vogel aus dem Palast. Von da an ließ der Kaiser zur Nacht stets die Spieluhr erklingen. Schließlich waren ihre Walzen aber abgenutzt und brachten kein Lied mehr zustande. Da wurde der Kaiser schwer krank.

Eines Tages ertönte ganz von Ferne der Gesang der echten Nachtigall. Sie kehrte tatsächlich in das Gemach des Kaisers zurück und sang für ihn, bis er in einen heilsamen Schlaf fiel. Von da an kam die Nachtigall jeden Abend und erzählte dem Kaiser in ihren Liedern, was sie im Land gehört hatte. So wurde sie zu seiner besten Ratgeberin.

Rabenkrähe

Rabenkrähe
- Schwarzes Gefieder

Nebelkrähe
- Grauer Rücken, graue Unterseite, sonst auch schwarz
- Länge vom Schnabel bis zur Schwanzspitze: 45 bis 49 cm
- Lebt am Waldrand, auf Feldern, oft in Parks und großen Gärten
- Bleibt im Winter bei uns
- Allesfresser
- Singvogel
- Baut hoch oben in Bäumen ein großes, langlebiges Nest aus Zweigen, das mit Lehm ausgeschmiert wird

Schon früh am Tag sind die Krähen munter und versammeln sich in Schwärmen auf den Baumkronen. Ihr schwarzes Gefieder glänzt in der Sonne. Ihr heiserer Ruf »kraah, kraah« ist weithin zu hören. Den Vormittag verbringen sie mit Futtersuche, wobei sie nicht wählerisch sind. Während der Mittagszeit ruhen sich die Krähen im Schatten der Blätter auf einem Ast aus, bevor es noch einmal auf Nahrungssuche geht. Abends findet die große Versammlung des ganzen Krähenschwarms auf einem oder mehreren Bäumen statt. Was sie sich wohl erzählen? Dann fliegt jeder Vogel auf seinen Schlafplatz hoch oben in den Bäumen. Krähen sind sehr vorsichtig. Sie stellen sogar Wachposten bei den Schlafplätzen auf, die alle wecken, wenn Gefahr droht.

»Die Krähe« – eine Yogaübung

Es macht viel Spaß, diese Haltung auszuprobieren. Auch wenn es ein bisschen dauert, bis man den Bogen raus hat. Los geht's:

Zuerst hockst du dich hin und legst beide Hände flach vor dich auf den Boden.

Dann versuchst du, dein Gewicht nach vorn auf die Arme zu verlagern. Dabei lehnst du dich immer weiter vor und drückst dabei die Knie gegen die Arme – das hilft! Hebe jetzt deine Füße vorsichtig vom Boden ab.

Geschafft? Versuche es doch noch einmal!

Rotkehlchen

40

- Unverkennbare, rote Vorderseite, Körper wie ein Bällchen geformt, große schwarze Augen
- Länge vom Schnabel bis zur Schwanzspitze: 13 bis 15 cm
- Lebt in Wäldern, Parks und Gärten mit dichtem Unterholz
- Bleibt meist im Winter bei uns
- Frisst Insekten, Würmer, Larven, Spinnen, auch Beeren
- Brütet an ungewöhnlichen Stellen
- Singvogel

Rotkehlchen haben ein unverwechselbares Aussehen. Oft hüpfen sie auf der Suche nach Futter am Boden und sind gar nicht scheu, wenn Menschen ihnen nahe kommen. Man kann sich kaum vorstellen, dass Rotkehlchen-Männchen sich untereinander tatsächlich bis aufs Blut bekämpfen können. Das geschieht allerdings nur, wenn einer sein Revier gegen einen Eindringling verteidigen muss. Der rote Fleck auf der Brust wird dem Gegner entgegengestreckt um Eindruck zu schinden und ihn zu vertreiben. Es ist sogar schon passiert, dass Rotkehlchen einen Gärtner mit roten Gummistiefeln angegriffen haben, weil sie ihn für einen Eindringling in ihr Revier hielten.

Meistens suchen sie einen versteckten Platz in Bodennähe um dort ihr gut getarntes Nest aus Halmen, Wurzeln und Moos zu bauen. Die Nester der Rotkehlchen werden auch oft vom Kuckucksweibchen ausgesucht, das dort eines seiner Eier hineinlegt.

Rotkehlchen sind gute Sänger. In kurzen Strophen tragen sie eine etwas traurig wirkende Melodie vor und ahmen dabei auch den Gesang anderer Vögel aus der Umgebung nach um ihren eigenen Gesang abwechslungsreicher zu machen.

DAS NEST IN DER JACKENTASCHE

Der Bauer Grummel war ein griesgrämiger alter Kerl. Für niemanden hatte er ein freundliches Wort. Keiner wollte etwas mit ihm zu tun haben. Und so arbeitete er grummelig und allein auf seinem kleinen Bauernhof.

Eines Tages flog ein Rotkehlchenweibchen auf der Suche nach einem guten Platz für ihr Nest in Grummels Stall. Sie schaute hier und da, bis sie die alte grüne Jacke mit den großen Taschen an der Wand hängen sah. Dies wäre doch genau die richtige Stelle zum Brüten! Sie piepste das Männchen herbei und hast-du-nicht-gesehen hatten sie aus Stroh- und Grashalmen, Tierhaaren und Moos ein kuscheliges Nest gebaut.

Schon bald hatte das Weibchen vier rotbraune Eier gelegt, auf denen sie nun tagein, tagaus saß und brütete. Das Männchen brachte ihr derweil unentwegt Leckereien: Larven, Würmer und Spinnen.
Nach einer Weile schlüpften vier piepsende und immer hungrige junge Rotkehlchen aus den Eiern und die Eltern hatten alle Schnäbel voll zu tun, sie zu füttern.

Ein paar Tage später regnete es heftig und Bauer Grummel dachte an die alte Jacke, die noch im Stall hing und die er jetzt gut gebrauchen konnte. Als er den Stall betrat, gerieten die Rotkehlcheneltern in helle Aufregung. Das Männchen plusterte sich auf, stieß Warnrufe aus und flatterte um den Mann herum. Auch das Weibchen zeterte verzweifelt.

Verdutzt schaute Grummel in die Jackentasche und sah vier weit aufgerissene Schnäbel in einem Nest. Da huschte ein Lächeln über Grummels Gesicht. Er konnte gar nicht anders, so rührend fand er die kleine Rotkehlchenfamilie, die sich tatsächlich seine olle Jacke für den Nestbau ausgesucht hatte.

Vorsichtig zog sich der Bauer zurück und murmelte: »Ich kann ja auch eine andere Jacke anziehen.« Dann verließ er – immer noch mit einem Lächeln auf dem sonst grimmigen Gesicht – den Stall.

Spatz

- Hellbraunes Gefieder mit dunklen Streifen auf dem Rücken, bleigraue Kappe auf dem Kopf und schwarze Kehle. Weibchen insgesamt mit schwächeren Farben und ohne die schwarze Kehle
- Länge vom Schnabel bis zur Schwanzspitze: 14 bis 16 cm
- Frisst alles, am liebsten Körner und Samen
- Nistet in Hohlräumen unter Dächern, an Leitungsmasten, gern in Pferdeställen
- Singvogel
- Bleibt im Winter bei uns

Überall, wo Menschen leben, da gibt es auch Spatzen. Seit mehr als 10 000 Jahren folgen uns diese kleinen Gesellen und sie haben sich als wahre Überlebenskünstler seither an unsere Gesellschaft und unsere Lebensräume angepasst.

Leider machen wir ihnen heutzutage aber mit unseren gepflasterten Wegen und Parkplätzen, mit den sehr ordentlichen Gärten und gepflegten Häusern und ihren Fassaden das Leben schwer. Sie finden immer weniger Plätze zum Nisten und immer weniger Insekten, Körner und Samen zum Picken. Darum ist die Zahl der Spatzen bei uns ziemlich zurückgegangen.

Zum Glück ist es gar nicht so schwierig, einen guten Platz für den Spatz zu schaffen. Es reicht schon eine begrünte Hauswand, ein Holunderbusch im Garten, ein kleines Stück offene Erde zum Staubbaden oder …

… ein solches »Reihenhaus« für drei Spatzenfamilien, das es zu kaufen gibt.

Weibchen

Männchen

Hast du schon mal einen Spatz beim Staubbad beobachtet? Er wälzt sich dazu auf der trockenen Erde, wirbelt mit den Flügeln Staub auf und pudert sich so sein Gefieder ein. Auf diese Weise reinigt er es von lästigen, juckenden Milben und anderem Getier. Der »Dreckspatz« ist also in Wahrheit ein sehr reinliches Tier!

Spatzen leben gern in Gesellschaft mit anderen. Sie nisten zusammen, gehen gemeinsam auf Futtersuche und kakeln und spektakeln den lieben, langen Tag miteinander. Der berühmte Komponist Wolfgang Amadeus Mozart hat ein festliches Musikstück geschrieben, das den Titel »Spatzenmesse« trägt. Vielleicht war es ja so, dass Mozart sich an dem Tschilpen des Spatzenkonzerts vor seinem Fenster erfreute und so auf die Idee zu seinem Stück kam?

DIE DREI SPATZEN

In einem leeren Haselstrauch,
da sitzen drei Spatzen, Bauch an Bauch.
Der Erich rechts und links der Franz
und mittendrin der freche Hans.

Sie haben die Augen zu, ganz zu,
und oben drüber, da schneit es, hu!
Sie rücken zusammen dicht an dicht,
so warm wie der Hans hat's niemand
nicht.

Sie hör'n alle drei ihrer Herzlein Gepoch.
Und wenn sie nicht weg sind, so sitzen sie
noch.

(Christian Morgenstern)

Vor langer Zeit lebte einmal ein Ritter, der aus unzähligen Schwertkämpfen stets als Sieger hervorgegangen war. Doch eines Tages verlor er zum ersten Mal in einem Zweikampf. Das verdross ihn ungemein. Er setzte sich auf sein Pferd und ritt, ganz in seine finsteren und verzweifelten Gedanken vertieft, davon.

43

Da sah er plötzlich vor sich auf dem Weg einen kleinen Spatz. Dieser lag auf dem Rücken, hatte seine winzigen Beinchen nach oben ausgestreckt und starrte in den Himmel.
Der Ritter rief: »Mach Platz, du nichtswürdiges Federvieh!«
»Nein, das geht nicht, denn ich habe hier eine wichtige Aufgabe zu erfüllen!«, entgegnete der Spatz mutig. »Was kannst du denn schon Wichtiges zu tun haben?«, fragte der Ritter erstaunt.
»Ich habe gehört, dass heute der Himmel auf die Erde stürzen soll, und so liege ich hier, um ihn mit meinen Füßen aufzufangen.«

Als der Ritter das hörte, musste er fürchterlich lachen. Er konnte sich gar nicht mehr beruhigen und prustend rief er aus: »Du kleines Federbällchen willst mit deinen dünnen Beinchen den Himmel auffangen?«
»Tja«, erwiderte der Spatz, »man tut, was man kann!«

Stadttaube

- Unterschiedlich gefärbtes Gefieder, meist grau mit schwarzen Streifen auf den Flügeln, oft grün schillernder Hals
- Länge vom Schnabel bis zur Schwanzspitze: 30 bis 35 cm groß
- Bleibt im Winter bei uns
- Frisst alles
- Nistet gern auf Mauervorsprüngen

Die Stadttaube stammt von der Felsentaube ab, die ihre Heimat am Mittelmeer hat und dort ihre einfachen Nester in Höhlen, Nischen und Vorsprüngen steiler Felsen baut. Darum nistet auch die Stadttaube in Mauernischen an Gebäuden.

Wenn ein Männchen bei einem Taubenweibchen Eindruck schinden will, sträubt es sein Schmuckgefieder am Hals, stolziert vor dem Weibchen her, richtet sich hoch auf und verbeugt sich dann vor dem Weibchen. Dabei gurrt es ununterbrochen.

Normalerweise trinkt ein Vogel, indem er seinen Schnabel eintaucht, den Kopf nach oben reckt und das Wasser die Kehle hinabrinnen lässt. Tauben können ihre Nasenlöcher verschließen und dann ihren Schnabel wie einen Trinkhalm benutzen.

Die Lieblingsspeise aller Tauben sind Getreidekörner. Stadttauben nehmen aber auch Brotreste oder Abfälle. Weil das Futterangebot riesig ist und sie in der Stadt keine natürlichen Feinde haben, vermehren sich die Tauben so stark, dass sie zu einem Problem werden. Eine einzige Taube hinterlässt in einem Jahr etwa drei Kilo ätzenden Kot, der nicht nur Mauerwerk zerfrisst und Denkmäler beschädigt, sondern häufig auch üble Krankheitserreger enthält.

Türkentaube

Ringeltaube

Stadttaube

Turmfalke

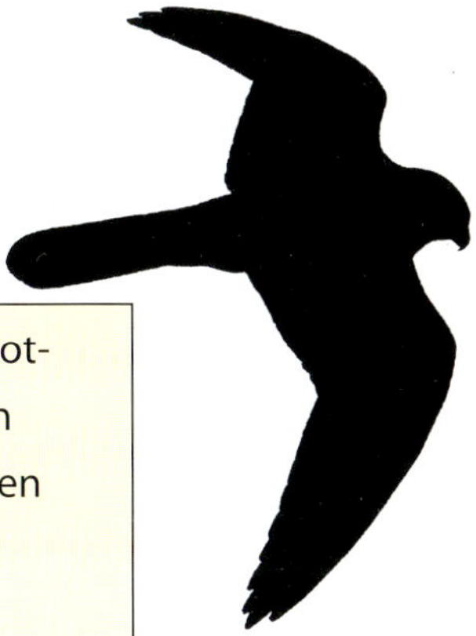

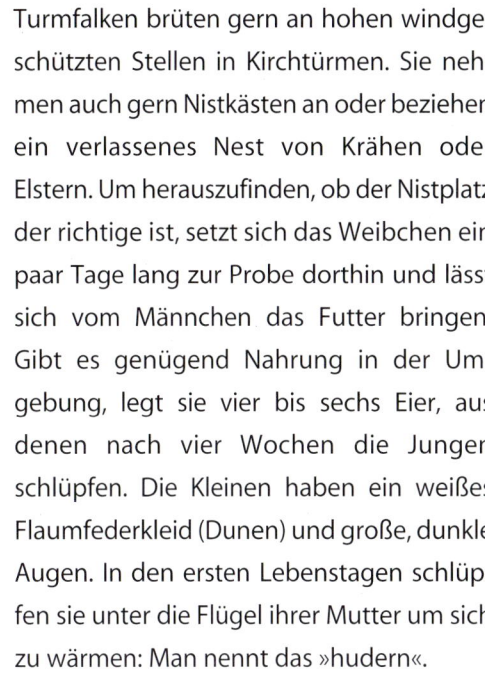

- Langer Schwanz, lange Flügel, rotbraunes Gefieder mit schwarzen Tupfen, Schwanz hell mit dunklen Spitzen
- Länge vom Schnabel bis zur Schwanzspitze: 35 bis 40 cm
- Bleibt im Winter bei uns
- Frisst Mäuse, Hamster, Eidechsen, Frösche, Jungvögel

Turmfalken brüten gern an hohen windgeschützten Stellen in Kirchtürmen. Sie nehmen auch gern Nistkästen an oder beziehen ein verlassenes Nest von Krähen oder Elstern. Um herauszufinden, ob der Nistplatz der richtige ist, setzt sich das Weibchen ein paar Tage lang zur Probe dorthin und lässt sich vom Männchen das Futter bringen. Gibt es genügend Nahrung in der Umgebung, legt sie vier bis sechs Eier, aus denen nach vier Wochen die Jungen schlüpfen. Die Kleinen haben ein weißes Flaumfederkleid (Dunen) und große, dunkle Augen. In den ersten Lebenstagen schlüpfen sie unter die Flügel ihrer Mutter um sich zu wärmen: Man nennt das »hudern«.

Ist dir oben in der Luft schon mal ein größerer Vogel aufgefallen, der dort zu »stehen« schien? Der Turmfalke bewegt sich dann nicht vorwärts, sondern rüttelt mit seinen Flügeln und verharrt so auf einer Stelle. Deshalb wird der Turmfalke manchmal auch Rüttelfalke genannt. Beim Rütteln kann der Falke sein Jagdrevier ganz genau beobachten. Wenn er eine Maus oder ein anderes Beutetier erblickt hat, stürzt er sich in rasendem Sturzflug herab. Mit seinen Fängen packt er das Opfer und mit seinem messerscharfen Schnabel tötet er es.

Im Mittelalter wurden Falken bei der Jagd eingesetzt und ein Jagdfalke war ein sehr wertvoller Besitz. Ein so genannter »Falkner« kümmerte sich um die Tiere. Den Beruf des Falkners gibt es auch heute noch. In einigen Wild- und Vogelparks gibt es Vorführungen mit abgerichteten Falken. Das ist ein sehr beeindruckendes Schauspiel, das du dir nicht entgehen lassen solltest.

Zaunkönig

- Gefieder braun und quergestreift, rundlicher Körper, große Augen, kleiner Stummelschwanz
- Länge vom Schnabel bis zur Schwanzspitze: 10 cm
- Bleibt im Winter bei uns
- Insektenfresser
- Singvogel

Wenn du im Garten unter den Büschen einen sehr kleinen braunen Vogel siehst, der pausenlos hin und herflitzt und dabei erstaunlich laut vor sich hin schimpft (»tjek, tjek, tjek«), dann ist das wahrscheinlich ein Zaunkönig. Auch an dem fast immer aufgerichteten Stummelschwanz kannst du diesen Singvogel gut erkennen.

Er gehört zu den kleinsten Vögeln bei uns; er wird nur 10 Zentimeter lang. Trotzdem benimmt er sich ganz schön keck und selbstbewusst, wenn er zum Beispiel lautstark sein Revier verteidigt.

Der Zaunkönig lebt gern in Bodennähe. Dort findet er seine Nahrung: kleine Bodentiere, Spinnen und Insekten. Wenn es Zeit für die Nachkommen ist, baut das Zaunkönig-Männchen gleich mehrere Kugelnester aus Moos, Laub und weichen Blättern, etwa in einen Holzhaufen oder in den unteren Teil einer Hecke. Das Weibchen darf sich dann aussuchen, in welches es die Eier legen will. Dieses wird noch besonders weich mit Federn und Haaren ausgekleidet. Die Zaunkönige bleiben im Winter bei uns und in kalten Nächten ziehen sie sich zu mehreren in die Nester vom Frühjahr zurück und wärmen sich darin gegenseitig auf.

Seinen Namen verdankt der Zaunkönig seiner Frechheit und das kam so:

DER KÖNIG DER VÖGEL

Eines Tages beschlossen die Vögel, einen von ihnen zu ihrem König zu wählen. Und wer wäre dafür besser geeignet als derjenige, der am höchsten fliegen könnte? An einem schönen Maimorgen versammelten sich also alle Vögel auf einem großen Feld. Auf ein Zeichen hin erhob sich die ganze Schar in die Lüfte. Das war ein gewaltiges Sausen und Brausen und Fittichschlagen und es sah aus, als zöge eine dunkle Wolke dahin.

Die kleineren Vögel blieben bald zurück, konnten nicht weiter und flogen wieder zur Erde. Die größeren hielten es länger aus, aber keiner konnte mit dem Adler mithalten, der so hoch flog, dass es aussah, als wollte er die Sonne erreichen. Da riefen die anderen Vögel dem Adler zu: »Du musst unser König sein, keiner ist höher geflogen als du!«

In diesem Moment kroch ein winzig kleiner Vogel aus dem Federkleid des Adlers, in dem er sich bisher verborgen gehalten hatte. Und weil er sich bisher noch nicht müde geflogen hatte, stieg er noch ein Stück höher auf als der Adler. »König bün ick! König bün ick!«, rief er.

Da wurden die anderen Vögel zornig und schimpften über diese List und ließen sie nicht gelten. Sie waren so böse auf den kleinen Vogel, dass dieser sich kaum noch zu zeigen wagte. So verzog er sich ins Unterholz und zwischen die Zäune. Nur wenn er sich ganz sicher fühlt, ruft er bisweilen: »König bün ick!« Und deshalb nennen ihn die anderen Vögel aus Spott »Zaunkönig«.

BEOBACHTUNG

Zarte, feine
klitzekleine
Spuren findest du im Schnee?
Zarte, feine
klitzekleine
Spuren – die sind nicht vom Reh!

Diese krickel
krackel Grüße
schrieb ein andrer Gast hierher:
Zickel zackel
Vogelfüße –
schau: Dort sind schon keine mehr.

Denn nur eben
fast im Schweben
hüpfte, pickte er im Lauf –
und
mit einem Sprunge,
Schwunge
flog er zu den Wolken auf.

(Max Kruse)